全国中等职业学校商务文秘专业教材

文书与档案管理基础知识（第三版）
习题册

主编　邹绮

中国劳动社会保障出版社

简介

本习题册与全国中等职业学校商务文秘专业教材《文书与档案管理基础知识（第三版）》配套使用。习题册依据教材内容编写，既注重基础知识的巩固，又强调基本能力的培养。题型包括名词解释、填空题、不定项选择题、判断题、简答题和实训题等。

本习题册由邹绮任主编，钟仕森、邹成冈、刘云亮、姜红、王志伟、计莉玲参与编写。

图书在版编目(CIP)数据

文书与档案管理基础知识（第三版）习题册 / 邹绮主编. -- 北京：中国劳动社会保障出版社，2020

全国中等职业学校商务文秘专业教材

ISBN 978-7-5167-4261-7

Ⅰ.①文… Ⅱ.①邹… Ⅲ.①文书工作-中等专业学校-习题集②档案管理-中等专业学校-习题集 Ⅳ.①C931.46-44②G271-44

中国版本图书馆 CIP 数据核字（2020）第 008917 号

中国劳动社会保障出版社出版发行

（北京市惠新东街 1 号　邮政编码：100029）

*

北京市艺辉印刷有限公司印刷装订　新华书店经销

787 毫米 ×1092 毫米　16 开本　3.75 印张　75 千字

2020 年 4 月第 1 版　2024 年 1 月第 3 次印刷

定价：7.00 元

营销中心电话：400-606-6496

出版社网址：http://www.class.com.cn

http://jg.class.com.cn

目 录
CONTENTS

第一章 文书基础

一、名词解释

1. 文书

2. 公文

3. 版记

二、填空题

1. 根据记录信息载体的不同，文书可以分为__________和__________两大类型。

2. 公文的基本功能是通过__________，在特定的公务管理活动中发挥各自的作用来实现的。

3. 根据形成阶段及其功用特点的不同，公文可以分为草稿、__________、校对稿、__________、复制本。其中草稿是__________或__________通过之前的文稿，不具有法定效力。

4. 公文一般由__________、__________和__________三个部分组成。

5. 按照使用主体、来源和使用领域的不同，文书可以分为__________、__________两大类型。

三、不定项选择题

1. 以下不属于版记要素的是（　　）。

A. 主题词　　B. 抄送机关

C. 印发机关和印发时间　　　　D. 附注

2. 公文的作用不包括（　　）。

A. 领导和指导　　　　B. 依据和凭证

C. 传达上级意图　　　　D. 宣传和教育

3. 以下说法正确的是（　　）。

A. 公文的落款要写机关的全称而不能写任何简称，以保证其严肃性

B. 公文中置于红色线以下至主题词以上之间的各要素称为主体

C. 附件指与公文内容有关的随文发送的文件、材料等

D. 公文的主送机关是指负责办理和签复公文的受文机关

4. 以下关于印发机关和印发时间的说法不正确的是（　　）。

A. 印发机关和印发时间位于抄送之下（无抄送在主题词下），占一行位置

B. 印发机关左空一字、印发时间左空一字

C. 用小三号仿宋体标识

D. 印发时间以公文复印的日期为准，用阿拉伯数字标识

四、判断题（正确在括号内打√，错误在括号内打×）

1. 正文是公文的具体内容部分，位于主送机关下一行，每自然段空两格写起。（　　）

2. 签发人是代表机关最后审核并批准公文生效的责任人。（　　）

3. 发文机关标识由发文机关全称或规范化简称加“文件”二字组成。（　　）

4. 公文份数序号是指将同一文稿印制若干份时每份的顺序编号。（　　）

5. 眉首内容包括公文份数序号、密级和保密期限、紧急程度、发文机关标识、签发人。（　　）

五、简答题

1. 简述文书的含义。

2. 公文的主要特点有哪些?

3. 按行文方向的不同，公文可以分为哪几种类型? 各是什么含义?

六、实训题

如果你是某大型公司的总经理助理，总经理让你通知所有部门的负责人来开会，讨论今年公司发展的新计划。会上大家纷纷提出新思路，由你将大家的意见在会后整理好上交总经理。

请你谈谈在此工作过程中主要会用到哪些类型的文书。

第二章 文书工作

一、名词解释

1. 文书工作

2. 收文办理

3. 行文关系

二、填空题

1. 行文关系一般包括__________、__________两种类型。

2. 行文方式是根据单位行文的方向确定的，分为________________、____________和____________三种。

3. 签收的具体操作步骤是__________、____________、__________。

4. 归档是指文书部门将办理完毕的、具有保存价值的文件____________，向单位档案室移交；将无保存价值的文件____________。

5. 草拟又称拟稿，就是文件的起草过程，是制文阶段的________，也是________工作中的一个关键性环节。

6. __________是发文处理过程中最关键的程序，是领导人行使职权的重要形式。

7. 文件的整理与归档是将归档文件以件为单位进行________、装订、________、________、编号、__________、__________、排架，使之有序化的过程。

8. 归档文件应依据__________和__________的顺序编制归档文件目录。

9. 修裱是指使用粘合剂和选定纸张对破损文件进行__________或__________，

以恢复文件的原有面貌，增加纸张强度，延长纸张寿命。

10. 多个单位或部门联合发文时，一般应由__________的单位负责送请有关联署机关或部门的领导会签。

三、不定项选择题

1. 以下不属于催办方式的是（　　）。

A. 登门催办　　B. 信函催办

C. 电话催办　　D. 转达催办

2. 以下不属于文书工作范畴的是（　　）。

A. 收文办理　　B. 发文办理

C. 迁移管理　　D. 文书归档

3. 以下不属于公文处理原则中精简原则含义的是（　　）。

A. 公文数量要精简

B. 公文内容要精练，不说空话、套话

C. 注重实效

D. 减少中间环节

4. 以下关于行文规则说法不正确的是（　　）。

A. 行文应确有必要，注重效用　　B. 一般不能越级行文

C. 党政分开　　D. 有困难就上报

5. 对文件办理情况的督促、检查工作一般称为（　　）。

A. 催办　　B. 拟办　　C. 批办　　D. 承办

6. 归集和清退会议文件的目的是保证文件的完整和（　　）。

A. 回收　　B. 安全保密

C. 装订　　D. 再利用

7. 领导人对应办的来文由谁或哪一个部门办理，以及如何办理写出指示性意见称为（　　）。

A. 注办　　B. 承办　　C. 批办　　D. 拟办

8. 国家各级行政机关的隶属关系由（　　）规定。

A. 上级机关　　B. 国家领导人

C. 地方政府　　D. 法律法规

四、判断题（正确在括号内打√，错误在括号内打×）

1. 审核又称核稿，就是在公文送负责人签发后，由办公部门对公文的内容、体式和文字等进行全面的核对检查。（　　）

2. 校对就是在缮印文件的过程中，将印制出来的文本清样与定稿从内容到形式进行全面对照检查的一道程序。（　　）

3. 修整文件是指对文件、书籍及图表等的修改整理并装订成册。 （　　）

4. 归档文件装盒时，将文件按室编件号顺序装入档案盒即可。 （　　）

5. 凡是由下级机关或平级部门送给本机关的文件，统称为收文。 （　　）

6. 公文工作是各机关单位工作的一个重要组成部分，文书工作常被作为办公室工作的重心。 （　　）

7. 隶属关系是指同一系统的机关之间存在领导与被领导的上下级关系，下级机关隶属于上级机关。 （　　）

8. 传阅即有关人员在办公室内传递和阅读所有文件。 （　　）

9. 批办文件要求单位领导人认真阅读文件，研究拟办意见，提出原则性批示意见。 （　　）

五、简答题

1. 文书工作具体包含哪几个方面的工作?

2. 简述收文办理工作的办理流程。

3. 文书存放与保管的主要做法有哪些?

4. 简述收文办理工作中登记环节与分送环节的具体工作。

六、实训题

1.×× 分公司收到集团总公司的《关于各子公司财务负责人向集团总公司述职的通知》。作为分公司秘书的姜珊将按照收文办理程序进行收文。根据该情景，完成以下练习。

（1）三位同学组成一个小组，一位扮演收发室人员，一位扮演办公室秘书姜珊，一位扮演分公司领导，模拟收文过程。

（2）写出各部分收文程序的要领，填写收文登记簿、发文登记簿、文件传阅单、文件处理单。

关于各子公司财务负责人向集团总公司述职的通知

××字〔2018〕8号

各子公司：

根据集团总公司规定，为提高企业财务主管人员素质，决定在8月底组织子公司财务负责人对2018年度上半年工作向集团总公司述职。

一、述职的主要内容

内容应符合2018年度集团工作会议董事长关于“创新提升、做强做大、加快××集团发展新阶段的进程”的总体工作安排和集团2017年度财务工作总体要求，具体包括以下几点。

1. 企业2018年度预算、财务收支计划、信贷计划执行情况，在加强和改进财务及资金管理、坚持收支两条线和资金集中管理方面所做的工作。

2.（后略）

二、请各子公司财务负责人（述职人员名单见附件）根据上述要求认真准备述职书面材料，有关述职时间、地点另行通知。

附件：述职人员名单

××集团公司（公章）

二〇一八年八月十二日

2. 天宏公司的上级主管部门催报年度工作总结，为此，经理办公室秘书丁凯被指名负责起草公司年度工作总结。

丁凯认为，工作总结不仅材料要有说服力，而且语言要生动感人。于是，他按照拟定的提纲开始专心写作。当写到党员王弘同志兢兢业业工作，节约基建资金两万多元时，丁凯的文学激情油然而生，便对王弘的形象着力进行了描写。为了使王弘的事迹催人泪下，丁凯又虚构出一段王弘不徇私情处理侄子的情节；同时还想当然地将节约资金两万多元改为三万多元。仅王弘这一个典型人物，丁凯就写了两千多字，占了工作总结全文的四分之一。

在审稿的那天，各个部门的领导一致认为工作总结要大改。请你分析一下丁凯究竟错在哪里。

第三章 档案与档案工作

一、名词解释

1. 档案

2. 档案工作

二、填空题

1. 档案的__________源于档案的原始性。

2. 档案的参考价值源于档案的__________。

3. 档案与文献最根本的区别是档案的__________。

4. 不论是否为第一手原始记录，只要具有__________价值就是文献。

5. 档案收集是指档案部门______________的工作。

6. 档案整理包括____________、____________、编号和______________等工作环节。

7. 档案目录主要有______________和______________两种。

8. __________是档案价值得以实现的重要途径。

9. 我国现存历史最久、最完整的城市平面图是宋代的城市平面图——__________。

10. 档案馆所保存的档案有些是有机密性的，因此档案馆又具有__________。

11. 联合档案室也叫作______________。

三、不定项选择题

1. 档案收集工作包括对（　　）的收集。

A. 本单位或本地区归档材料　　B. 社会人士捐赠档案

C. 流散档案　　D. 公众感兴趣的档案

2. 档案编目是对档案内容进行（　　），并按一定顺序编成目录。

A. 收集　　B. 分析

C. 选择　　D. 浓缩和记录

3. 档案利用工作主要包括（　　）、提供咨询等方式。

A. 提供阅览　　B. 提供证明

C. 档案展览　　D. 编写大事记

4. 档案编研的主要成果有（　　）和基础数字汇编等。

A. 文献汇编　　B. 史料汇编

C. 大事记　　D. 组织沿革

5. 档案工作的性质具有（　　）。

A. 管理性　　B. 政治性　　C. 专业性　　D. 服务性

6. 档案室按功能可分为（　　）、综合档案室和联合档案室。

A. 文书档案室　　B. 科技档案室

C. 音像档案室　　D. 人事档案室

7. 档案的统计包括档案的收进、（　　）、利用等各方面的统计结果。

A. 移出　　B. 整理　　C. 鉴定　　D. 保管

8. 检索性目录主要有（　　）。

A. 分类目录　　B. 全宗指南

C. 介绍性目录　　D. 专题目录

9. 维护档案的完整与安全是指（　　）。

A. 档案数量上要齐全　　B. 档案内容具有有机联系

C. 延长档案寿命，减少人为破坏　　D. 保护档案机密

10. 档案工作的管理机构有（　　）。

A. 档案馆　　B. 档案室

C. 综合档案室　　D. 档案行政管理机构

四、判断题（正确在括号内打√，错误在括号内打×）

1. 资料可以被当作档案看待，因为它具有参考作用。（　　）

2. 档案有可能是零散的片段。（　　）

3. 为文物拍摄的照片及书写的文字说明虽有查考利用价值，但不能作为档案。（　　）

4. 文献和档案一样，都是第一手原始记录。（　　）

5. 档案编研是档案利用的高级形式。（　　）

6. 机关和企事业单位的档案室可长期保存需要永久保管的档案。（　　）

7.《论档案》是意大利档案学家波尼法奥在 1632 年发表的作品。（　　）

五、简答题

1. 文件转化为档案的条件是什么?

2. 简述档案工作的环节。

3. 简述档案工作的基本原则。

4. 简述档案与图书的区别。

5. 为什么说档案是科学研究的必要条件?

六、实训题

1985 年沧州市运输公司汽车五队进入塘沽市场后，为提高效益，车队正、副队长向公司提交了请示报告，要求为揽货人员提取揽货收入的 3% 作为报酬。此报告经公司经理批复后在五队执行。随后，1985 年、1986 年两年中五队共支付揽货提成五万余元。事后有人告发五队队长行贿五万余元。市检察院在办案过程中，查阅了该公司档案室保存的经理办公会议记录和五队的请示报告以及批复原件，并将其复制后作为参考证据。经过市法院审理，最后裁定五队队长无罪。

结合上述案例，谈谈档案的作用。

第四章　档案收集

一、名词解释

1. 档案征集

2. 档案接收

二、填空题

1. 档案的收集工作主要包括____________、____________以及____________的档案收集三个方面。

2. 文件的归档范围要按国家档案局颁发的________________执行。

3.《机关档案工作条例》规定在第二年____________以前向档案部门移交档案。

4. 企业档案的来源是企业的____________。

5. 档案是档案馆开展工作的________基础。

6. 归档文件应遵循____________，保持文件之间的________，区别不同的价值，便于保管和利用。

7. 企业档案工作包括____________和____________。

三、不定项选择题

1. 省级以上机关应将永久保存的档案在本机关保管（　　）。

A. 二十年　　B. 永久　　C. 十年　　D. 五年

2. 档案的接收方法有（　　）。

A. 随时接收　　B. 逐年接收

C. 半年接收一次　　D. 定期接收

3. 历史档案包括（　　）。

A. 革命历史档案　　B. 散失在民间的档案
C. 历代王朝的档案　　D. 民国时期档案
4. 以下属于人事档案要收集的内容的有（　　）。
A. 履历表　　B. 政审材料
C. 培训和专业技术材料　　D. 奖励材料
5. 一个机关并入另一个机关或几个机关合并时，其档案可以（　　）。
A. 由新机关代管
B. 直接销毁
C. 按原全宗单位向有关档案馆移交
D. 按档案内容分别向相关机关移交
6. 撤销机关的业务分别划分给几个机关时，其档案可以（　　）。
A. 直接销毁
B. 按全宗整体移交有关档案馆
C. 由其中一个机关完整代管
D. 按档案内容分散划归几个机关
7. 历史档案收集的意义在于（　　）。
A. 保护历史文化遗产
B. 为历史研究提供可靠资料
C. 提升档案馆的社会知名度
D. 对外展示悠久的历史
8. 在（　　）的情况下，某档案馆要与其他档案馆交接档案。
A. 行政区划变动
B. 档案馆网结构变化
C. 某全宗和全宗群的档案分散在不同的档案馆
D. 不属于本档案馆保存范围

四、判断题（正确在括号内打√，错误在括号内打×）

1. 机关档案室要直接参与立卷工作。（　　）
2. 归档的文件材料种类、份数、页数都应齐全、完整。（　　）
3. 不同年度的文件可以放在一起归档处理。（　　）
4. 跨年的会议文件放在会议闭幕年立卷。（　　）
5. 立卷时，卷内文件材料的金属物视情况可以不去除。（　　）
6. 机关撤销或者合并时如有尚未处理完毕的文件，可以不用再处理。（　　）
7. 归档时，卷内文件目录和备考表都可放在卷首。（　　）
8. 现行机关档案的特点是档案在不断地产生和形成。（　　）

五、简答题

1. 机关档案室的档案收集范围包括哪几个方面?

2. 档案馆档案的主要来源有哪些?

3. 档案馆档案接收的要求有哪些?

4. 历史档案的征集途径有哪些?

5. 撤销及合并组织档案的收集要求是什么?

6. 现行组织档案的接收期限有什么规定?

7. 企业档案是在哪些企业活动中形成的?

六、实训题

1. 假如你是某电子公司的办文人员，请判断下列文书是否需要收集。

（1）公司经理外出参加展销会带回来的同行业其他竞争对手的产品宣传册、报价单。

（2）当地税务局发来的《关于办税服务大厅迁址的通知》。

（3）当地工商行政管理局发来的《关于工商企业进行年检的通知》。

（4）某报社广告部发来的《广告报价表》。

（5）公司办公室印发的《关于国庆节放假安排的通知》。

（6）公司办公室拟定的《计算机设备招标书》。

（7）公司人力资源部拟定的《新员工培训管理规定》。

（8）公司办公室印发的《×× 公司 2018 年工作要点》。

（9）公司市场部编发的十二期《销售工作简报》。

（10）公司财务部拟定的《关于购买财务管理软件的请示》。

2. 假定你是天宏公司的办公室秘书，请根据企业文书归档范围判断下列哪些文件需要整理归档，然后对这些文件进行整理排序，并将排序结果写出来。

（1）《天宏公司 2018 年工作计划》　5 页

（2）《天宏公司驻华南地区办事处筹建方案》　8 页

（3）《天宏公司人事部 2018 年工作计划》　9 页

（4）《×× 经理赴武汉 ×× 局联系业务的介绍信》　1 页

（5）《天宏公司关于加强安全生产工作的决定》　14 页

（6）《天宏公司施工部关于“9·12”事故情况的报告》　3 页

（7）《天宏公司员工培训项目说明书》　9 页

（8）《天宏公司关于暑期安全工作的紧急通知》　5 页

（9）《天宏公司人事部关于录用新员工的请示》（附：员工名单）　2 页

（10）《天宏公司关于录用新员工的批复》（附：员工名单）　2 页

（11）《天宏公司关于召开年终总结表彰大会的通知》　9 页

（12）《天宏公司施工部 2018 年工作计划》　8 页

（13）《天宏公司关于“五一”劳动节放假的通知》　1 页

（14）《天宏公司招聘启事》　1 页

（15）《天宏公司关于开展捐款活动的通知》　2 页

（16）《天宏公司人事部关于新员工培训工作的请示》　6 页

（17）《天宏公司产品宣传册（2017 年版）》　15 页

（18）《天宏公司企业网站建设策划书》　10 页

（19）《天宏公司员工花名册》　9 页

（20）《天宏公司关于表彰奖励优秀职工的决定》　5 页

第五章 | 档案整理

一、名词解释

1. 全宗

2. 全宗号

3. 档案编目

4. 档案编号

二、填空题

1. 档案整理工作是按照一定原则对档案实体进行__________、________、__________、编号和__________，使之有序化的过程。

2. 全宗原则是档案管理的一项基本原则，它的核心有三点：__________、__________、__________。

3. 我国档案全宗按形成全宗的单位和全宗内容的性质，分为__________________和________________两种。

4. 全宗内档案分类的科学性要求主要表现在三个方面：客观性、________________和________________。

5. 编制全宗分类方案常用的方法有三种：__________、组织机构分类法和__________。

6. 全宗的编号一般是档案馆接收全宗时在全宗名册上登记编定的，它属于__________中一个具体的技术项目。

7. 我国档案全宗的类型按全宗的范围和构成方式，分为________________________、________________、全宗汇集和________________四种。

三、不定项选择题

1. 全宗内档案的分类往往需要将两种以上的分类法结合运用，以下复式分类法中正确的是（　　）。

A. 年度—组织机构分类法　　B. 组织机构—年度分类法

C. 年度—问题分类法　　D. 问题—年度分类法

2. 工作总结类文件按年度分类必须以（　　）的年度为准。

A. 编制　　B. 上报　　C. 批准　　D. 内容针对

3. 保持档案的有机联系，首先应保持档案在（　　）上的联系。

A. 时间　　B. 内容　　C. 来源　　D. 形式

4. 档案馆给立档单位编制的代号叫作（　　）。

A. 全宗号　　B. 文件号　　C. 件号　　D. 文号

四、判断题（正确在括号内打√，错误在括号内打×）

1. 档案整理工作的第一步是区分全宗，应按照来源原则，将文件按不同形成者区分开。（　　）

2. 立档单位内部文件和发文的作者就是档案的形成者。（　　）

3. 1991 年 7 月国家档案局发布了《工业企业档案分类试行规则》，该规则适用于全国所有企业档案的分类整理。（　　）

4. 按照全宗管理档案，是档案工作的一个基本原则和核心理论。（　　）

5. 归档文件的编号，就是将每一件归档文件在全宗中的位置标注为一个符合特定规则的代码符号，并以归档章的形式在档案文件上注明。（　　）

6. 全宗是一个单位的主要档案。（　　）

7. 全宗是一个有机整体。除特殊情况外，同一个全宗的档案不能分散，不同全宗的档案不能混杂。（　　）

五、简答题

1. 简述全宗构成的主要类型。

2. 简述档案编目的基本方法。

3. 简述档案装盒的步骤和方法。

4. 简述档案盒背脊的填写方法。

六、实训题

1. 某单位实习秘书肖扬在整理公司文件准备归档的过程中，把文件按照不同文种加以分类，在每类中按时间排列；她还把文件后的附件一一分离出来，单独装订；然后在每份文件上标上页号，在文件左侧统一用订书机装订；最后把这些文件按照时间顺序依次装入档案盒中，填好档案信息，然后移交给档案室。结果档案室管理员陆言看到后却直摇头。根据上述案例，回答以下问题。

（1）请判断实习秘书肖扬在文件归档整理过程中的做法有哪些不妥之处。

（2）档案管理工作包括哪几个方面?

2. 张军是 ×× 档案馆的工作人员。他在接收档案进馆的过程中，经常发现基层单位档案室所移交档案的档案备考表存在问题：有些档案备考表是空白的；有些填写不规范，如不填写本卷情况说明，或将立卷人、检查人写成单位负责人、档案管理员等，致使档案备考表失去作用。

请从专业人员的角度，对如何填写档案卷内备考表谈谈自己的看法。

第六章 档案鉴定

一、名词解释

1. 档案鉴定

2. 档案保管期限表

3. 销毁档案

二、填空题

1. 档案内容的分析可主要从____________、独特性、____________、____________四个方面着手。

2. 档案鉴定工作，从广义上讲包括鉴定档案的____________和____________。

3. 在鉴定档案价值的工作中，应该坚持从党和国家的整体利益出发，用________、________、________、效益的观点来判断档案的价值。

4. 档案的形式特征是指文件的名称、____________、____________、____________、记录方式等。

5. 档案保管期限表通常由顺序号、____________、____________、____________和说明等部分组成。

6. 档案销毁的基本要求包括________________、________________、监督销毁过程、________________等。

三、不定项选择题

1. 档案保存价值是由（　　）等因素决定的。

A. 档案利用率　　B. 档案自身特点

C. 社会利用需求　　D. 社会档案意识

2. 鉴定档案价值的基本方法是（　　）。

A. 直接鉴定法　　B. 间接鉴定法

C. 动态鉴定法　　D. 静态鉴定法

3. 文书档案保管期限的年限从文件产生后的（　　）开始算起。

A. 第一年　　B. 第二年

C. 第三年　　D. 第四年

4.《××厂档案保管期限表》属于（　　）。

A. 专门档案保管期限表　　B. 同系统机关档案保管期限表

C. 同类型机关档案保管期限表　　D. 通用档案保管期限表

四、判断题（正确在括号内打√，错误在括号内打×）

1. 档案价值鉴定工作主要是一项对存与毁“两分清”的工作。（　　）

2. 档案内容是决定档案价值最重要、最本质的因素。（　　）

3. 档案鉴定工作中的历史观点就是从产生档案的历史背景出发去鉴定档案的价值。（　　）

4. 通用档案保管期限表是由国家档案行政机关编制的，供全国各机关、团体、企业、事业单位鉴定档案时通用的档案保管期限表。（　　）

5. 在销毁档案前，必须编制销毁清册，提供给机关领导审查、批准。（　　）

6. 销毁档案时，可将档案送至指定造纸厂化为纸浆，也可出售或留作他用。（　　）

7. 档案销毁完成后，销毁人和监销人都要在销毁清册上签名盖章，并注明“已销毁”字样以及销毁的日期和地点。（　　）

五、简答题

1. 简述档案鉴定工作的意义。

2. 简述档案鉴定制度的基本内容。

3. 鉴定档案价值主要有哪几种方法?

4. 简述档案销毁的几种常用方法。

六、实训题

1. 刘洋是佳华水泥厂的办公室秘书，负责企业综合档案室的管理工作。佳华水泥厂成立于 1995 年，共有员工 286 人，内部机构有办公室、党群工作部、销售部、财务部、技术部、人事部、企划部、工会、团委、公关部。该厂没有下级单位。

现在厂领导要求刘洋编制《佳华水泥厂文件材料归档范围和文书档案保管期限表》。该厂档案室共保存 560 卷档案，主要有以下材料。

（1）上级文件材料

1）上级机关召开的需要本企业贯彻执行的会议的文件材料。

2）上级机关颁发的需要执行的文件及普发的法规性文件。

（2）厂内文件材料

1）党政工团代表会议、工作会议的全套文件材料和音像材料。

2）党政工团领导会议文件材料及主要职能部门的工作会议、专业会议文件材料。

3）党委、厂部发文的签发稿、印制稿。

4）党委和行政职能部门的工作计划、总结、报告、请示及上级批复等方面的文件材料。

5）上级机关对本企业及有关部门检查、验收形成的重要文件、证书及音像材料。

6）重要的人民来信、来访及处理材料。

7）本企业有关区域变化，地界、水利纠纷，征用土地，基本建设施工，购置大型设备及生产、科研建设方面的管理文件材料。

8）本企业统计报表，财务报表，审计材料，有关财产、物资、档案等的交接凭证、清册，以及对外技术交流协作合同等。

9）本企业机构设置，干部任免（包括上报、下批、备案）、调配、培训，专业技术职务资格评定、聘任，党员、团员、干部、工人名册、报表，纪律检查，治安保卫以及职工录用、转正、定级、调资、退职、退休、离休、抚恤工作及干部奖惩等文件材料。

请根据以上材料编制《佳华水泥厂文件材料归档范围和文书档案保管期限表》。

2. 刘洋是佳华水泥厂的办公室秘书，负责企业综合档案室的管理工作。现在他要销毁《佳华水泥厂各车间季度工作报告》等六卷档案（含一张光盘、两盒录像带），假设这些档案都已经过了观察期，可以销毁，请按销毁档案的规定为以下步骤排序。

（1）为这些档案编制销毁清册。

（2）编写《佳华水泥厂全宗情况简要说明》。

（3）撰写本次鉴定工作报告。

（4）报批。

（5）从库房中剔除档案。

（6）善后处理工作。

（7）销毁档案。

第七章 档案保管与保护

一、名词解释

1. 档案保管

2. 档案保护

3. 档案代理卡

二、填空题

1. 档案库房不能是木质结构，不能使用易燃和保温、隔热性能差的建材。所用建材应符合防水、防________、防________、防光、防________等基本要求。

2. 档案库房不能建在低洼处，要远离水源、火源、污染源；________和________不能用作档案库房。

3. 档案库房的基本设备包括________、________装置，空气________监控测试和调节设备。

4. 档案卷皮可分为________和________两种。

5. 档案装具不能紧贴墙壁摆放，与墙壁之间的距离应大于________cm；每一列档案装具应排列整齐，列与列之间的距离不小于________cm。

6. 档案存放位置索引一般以________或以________及装具为单位编制。

三、不定项选择题

1. 档案保管的物质条件有（ ）。

A. 档案库房　　B. 档案库房设备

C. 档案包装材料　　D. 档案装具

2. 档案装具主要包括（ ）。

A. 档案箱　　B. 档案架

C. 档案柜　　D. 档案盒

3. 档案包装材料主要包括（ ）。

A. 档案卷皮　　B. 档案盒

C. 包装纸　　D. 文件袋

4. 档案在装具中的存放方式主要有（ ）。

A. 竖放　　B. 平放

C. 侧放　　D. 无要求

5. 档案损坏的内因有（ ）。

A. 纸张　　B. 墨水

C. 铅笔　　D. 复写纸和圆珠笔

6. 档案去污的主要方法有（ ）。

A. 机械去污法　　B. 溶剂去污法

C. 氧化剂去污法　　D. 蘸水擦除去污法

7. 档案的复制技术主要有（ ）。

A. 重氮型晒图技术　　B. 缩微摄影技术

C. 静电复印技术　　D. 手工誊写技术

四、判断题（正确在括号内打√，错误在括号内打×）

1. 档案的保管必须借助一定的物质条件，物质条件的优劣在一定程度上决定着档案保管水平的高低。（ ）

2. 档案库房可以和办公室合用，但不可以放置其他杂物。（ ）

3. 档案室（馆）所藏档案材料实体与档案材料的目录可以不相吻合。（ ）

4. 档案的收进、移出、保存、销毁和展出等都必须履行严格的审批手续。（ ）

5. 全宗卷不是全宗内文件的组成部分，而是档案室（馆）在工作活动中形成的一种档案。（ ）

6. 全宗卷应单独集中保管，按全宗号进行排列。档案被移交到另一个档案室（馆）保管时，与其相对应的全宗卷也应随之移交。（ ）

7. 档案库房适宜的温度范围是 14～20℃，适宜的相对湿度范围是 50%～65%。（ ）

五、简答题

1. 档案库房应符合档案保管的哪些专业要求?

2. 简述人员出入档案库房的管理方法。

3. 简述档案存放位置索引的编制方法及其作用。

4. 档案损坏的外因主要有哪些?

5. 简述档案保护的“八防”措施。

6. 简述控制和调节档案库房温湿度的方法。

六、实训题

1. 2018 年 9 月 15 日，华中某县县政府的 1975—1991 年度共 150 卷档案失窃。经公安机关侦查发现，系有未成年人撬门入库，窃得档案后将其当废纸卖掉。

根据上述案例，回答以下问题。

（1）该县政府在档案保管工作中存在哪些问题?

（2）你认为应该采取哪些措施避免类似事件发生?

2. 档案长期保管后会受到害虫的侵害，请通过网络搜集关于档案害虫的信息，回答以下问题。

（1）常见的档案害虫有哪些？档案害虫会造成哪些危害？

（2）消灭档案害虫的方法有哪些？这些方法的优缺点分别是什么？

第八章 档案检索

一、名词解释

1. 档案检索

2. 著录详细级次

3. 查全率与漏检率

4. 案卷目录

二、填空题

1. 档案著录是指在编制档案目录时，对档案的________________进行分析、选择及记录的过程。

2. 档案著录内容包括著录项目、____________、标识符号、____________、著录信息源和著录项目细则等。

3.《档案著录规则》中规定档案著录格式一般使用________________条目格式，但实际工作中也可以使用____________条目格式。

4. 文件级著录是________一卡，案卷级著录是________一卡。

5. 档案检索工具具有____________和____________两个功能。

6. 检索效率可以用________________、________________两种指标来衡量。

7. 按功能可将档案检索工具划分为____________检索工具、报道性检索工具和________________检索工具。

8. 缩微式检索工具的载体是____________和____________。

9. 文号索引可分为____________对应式和____________对应式。

三、不定项选择题

1. 以下属于必要著录项目的有（　　）。

A. 正题名与责任者　　B. 时间

C. 附注与提要　　D. 电子文档号

2. 责任者只有一个时，照原文著录，其前加（　　）号。

A. “=”　　B. “/”　　C. “+”　　D. “:”

3. 以下属于题名组成部分的有（　　）。

A. 正题名　　B. 并列题名

C. 责任者　　D. 副题名及说明题名文字

4. 提要项在附注之后另起一段空两个汉字位置著录，一般不超过（　　）。

A. 50 字　　B. 100 字

C. 150 字　　D. 200 字

5. 馆藏性档案检索工具有（　　）。

A. 案卷目录　　B. 案卷文件目录

C. 专题目录　　D. 全宗目录

四、判断题（正确在括号内打√，错误在括号内打×）

1. 起止时间的表示，无论是本年度或跨年度，在档案著录时均不能省略年度。（　　）

2. 文件编号项、时间项、载体形态项、排检与编号项中的数字一律用大写数字。（　　）

3. 密级是指文件的机密程度，密级依《文献保密等级代码与标识》（GB/T 7156—2003）划分为六个级别。（　　）

4. 档案检索工具是目录、索引、指南的统称。（　　）

5. 以一份文件为著录对象的称为案卷级，以一卷文件为著录对象的称为文件级。（　　）

6. 如果放宽检索范围以追求较高的查全率时，查准率就会下降；反之，如果限制检索范围以改善查准率时，查全率就会下降。（　　）

7. 全宗目录是档案馆（室）最基本也是最常见的一种检索工具。（　　）

五、简答题

1. 档案著录时必要的著录项目有哪些?

2. 档案的形式特征包括哪些?

3. 简述档案检索工具划分的标准及种类。

4. 简述分类目录的编制步骤。

六、实训题

1. 某一档案利用者要求查找有关地方史方面的档案，档案室保管的有关档案是 50 件，检索时检出其中的 40 件，有 10 件漏检，则查全率和漏检率分别是多少?

2. 根据档案著录项目逐条分析文件的内容与形式特征，参照教材中档案著录实例完成以下文件的著录工作。

人力资源社会保障部文件

人社部发〔2017〕90号

人力资源社会保障部印发《关于深化技工院校教师职称制度改革的指导意见》的通知

各省、自治区、直辖市及新疆生产建设兵团人力资源社会保障厅（局），国务院有关部门人事工作机构，有关中央企业人事部门：

为贯彻落实中共中央办公厅、国务院办公厅印发的《关于深化职称制度改革的意见》有关要求，进一步完善符合技工院校教师特点的职称制度，我们研究制定了《关于深化技工院校教师职称制度改革的指导意见》，现印发给你们，请结合实际情况，制定具体实施方案，抓好贯彻落实，确保技工院校教师职称制度改革顺利推进。

2017年■月28日

（此件主动公开）

（联系单位：专业技术人员管理司）

3. 一天，某机关档案室先后来了三批用户。第一批用户要查找精神文明建设专题的档案资料，第二批用户要查找某一年度的三份发文，第三批用户只是想了解一下该档案室的室藏情况。档案管理员小王为了及时调出档案，找出了事先编制好的检索工具。可是，检索工具中只有全引目录和分类目录，每次都要查半天才能找到相应的档案。根据上述案例，回答以下问题。

（1）该档案室的档案检索体系是否健全?

（2）为尽快满足这三批用户的需求，你认为可分别运用哪种类型的检索工具?

第九章 | 档案利用

一、名词解释

1. 档案利用

2. 制发档案证明

3. 档案开放

二、填空题

1. ________________是档案服务方式中最常见的一种服务方式。

2. 档案展览根据时间标准划分，可分为________________和________________。

3. 提供档案咨询服务一般采用____________、____________、邮件等咨询服务方式。

4. 国家档案馆保管的档案，一般应自形成之日起满____________向社会开放。

5. 对馆藏将满三十年的涉密档案，原档案形成者认为仍属国家机密的，应当自该档案届满三十年之日前________________，以文件形式通知有关的档案行政机关或档案馆。

6. 开放档案使档案工作由______________状态到______________转向____________状态。

7. 咨询服务的范围分两个部分：一是解答询问，二是________________。

8. 得到档案证明的申请者应履行＿＿＿＿＿＿手续，个人应在留存的档案证明副本上签字，并注明＿＿＿＿＿＿和日期。

三、不定项选择题

1. 档案利用工作的主要方式有（　　）。

A. 设立档案阅览室　　B. 提供档案外借

C. 举办档案展览　　D. 制发档案复制件

2. 对于制发档案复制件的说法，正确的有（　　）。

A. 制发档案复制件有提供副本、提供摘录、提供电子文档复制三种形式

B. 能方便用户，扩大利用范围，提高档案利用率

C. 可以减少对原件的损坏，有利于延长档案的使用年限

D. 对于提供的电子档案，应履行签收手续，并按规定期限进行回收

3. 在馆藏满三十年后，（　　）可以开放。

A. 国家档案馆保管的经济、技术、科学、文化等类档案

B. 凡对社会开放有损于个人形象、尊严、声誉、人身安全的档案

C. 凡对社会开放会削弱我国经济实力、科技实力的档案

D. 机关、单位及个人移交、捐赠、寄存档案时明确提出不能开放的档案

4. 拥有开放档案公布权的是（　　）。

A. 国家授权的档案馆　　B. 国家授权的个人

C. 档案的所有者　　D. 档案的借阅者

四、判断题（正确在括号内打√，错误在括号内打×）

1. 网上展览是应用最广的档案展览形式。（　　）

2. 外单位因各种事由需借阅本单位档案资料的，只要写明利用者的身份、借阅目的、借阅范围和借阅期限等，经本单位主管领导批准后，不需持有查（借）阅档案资料介绍信即可借出。（　　）

3. 制发档案复制件不利于保密。（　　）

4. 经济、技术、科学、文化等类档案向社会开放前的保管期限不能少于三十年。（　　）

5. 外国人在中国境内不能利用已开放的档案。（　　）

五、简答题

1. 举例说明档案利用工作的基本途径。

2. 设立档案阅览室的目的是什么?

3. 简述制发档案复制件的形式。

4. 简述档案开放的公布方式。

六、实训题

分组模拟演练某企业内部档案外借的过程，要求如下。

1. 小组成员轮流扮演档案管理员和档案外借人以及企业领导等，模拟再现主要情景，如审核档案借阅申请单、填写档案借出登记表、填写代卷卡等。模拟过程应符合情景规定和角色身份。

2. 将办理借阅过程中模拟形成的文本材料，如档案借阅申请单、档案借出登记表、代卷卡等，整理成实训成果文案。

第十章 档案编研

一、名词解释

1. 大事记

2. 组织沿革

3. 综合性统计数字汇编

4. 专题概要

二、填空题

1. 按时间顺序简要记述一定对象相继发生的重大事件和重要活动的系统材料是________________。

2. 大事记的选事原则是__________、通典不录、__________。

3. ____________________是以数字的形式系统地反映某一地区、某一系统或某一单位、某一方面或若干方面基本情况的一种参考资料。

4. 档案的编研工作就是以________________为主要对象，以满足社会利用的需要为主要目的，在研究的基础上，编辑史料、编写参考资料、参加编史修志以及撰写专门著作的工作。

5. 档案参考资料的编写依据是________________。

6. 比较常见的档案文摘汇编形式有________________、科技成果文摘汇编、________________。

7. ________是大事记的核心，包括____________和大事记的记述两个部分。

8. 编写大事记一般采用的是____________，即一事一记，逐年、逐月、逐日地以发生时间的先后为序记述。

9. ____________是将会议的全过程简明扼要地记述，从而反映出会议的基本情况的一种参考资料。

10. 一个数列一般可以包含四个方面的具体内容：统计对象、________________、统计指标和统计数值。

11. ________________在各种基础数字汇编中应用最为广泛。其优点是数列条理清楚，信息容量大。

三、不定项选择题

1. 以下属于大事记编写要求的有（　　）。

A. 一条一事　　B. 大事突出

C. 要事不漏　　D. 实事求是

2. 以下属于组织沿革编写体例的有（　　）。

A. 编年体　　B. 系列体

C. 纪传体　　D. 阶段体

3. 组织沿革的结构一般包括序言、正文和（　　）等几个部分。

A. 说明　　B. 简介　　C. 结尾　　D. 附录

4. 组织沿革的主要内容一般包括（　　）。

A. 组织（地区或专业系统）的历史概况、建制变更等情况

B. 组织的各种重要会议、重大活动情况

C. 组织内部机构的设置和人员编制的变化情况

D. 以组织名义制定的方针政策，发布的规定，做出的重要决定、决议

5. 基础数字汇编根据数字所反映的时间范围，可分为（　　）。

A. 一年的基础数字汇编　　B. 一个系统的基础数字汇编

C. 多年的基础数字汇编　　D. 某一阶段的基础数字汇编

6. 常见的基础数字汇编图示式图形有（　　）。

A. 柱形图　　B. 折线图

C. 饼图　　D. 表格

7. 以下属于档案文摘汇编形式的有（　　）。

A. 学术论文文摘汇编　　B. 法规文件汇编

C. 科技成果文摘汇编　　D. 专题档案文摘汇编

四、判断题（正确在括号内打√，错误在括号内打×）

1. 大事记述的文字要简约、凝练、清楚，除了表述事实所必需的说明性文字，还可以使用修饰性和描述性的文字。（ ）

2. 编写大事记时，对难以理解的记述历史事实的词句可以通过注释的形式加以说明。（ ）

3. 正文是组织机构沿革的主体，主要包括机构的成立和调整、机构的职权范围、机构的隶属关系、补充说明正文所涉及的有关材料等方面的内容。（ ）

4. 组织沿革要全面完整地反映整个组织发展沿革的全貌，不能漏记或不记应记述的内容。（ ）

5. 编年法是以组织机构或组织建设问题为主线，形成各个系列，在编写时，先按照系列再按照年度顺序分别记述。（ ）

6. 专题性基础数字汇编相对综合性统计数字汇编而言范围较小，可根据需要确定专题的范围和内容。（ ）

7. 封面的编印日期要用中文写全称（大写），凡属“内部印发”“秘密”等注意事项应在封面右上角标明。（ ）

五、简答题

1. 简述大事记中大事的选择范围。

2. 编写大事记时要注意哪几个方面的问题?

3. 组织沿革的系列体体例的特点是什么?

4. 简述基础数字汇编的表达方式和格式。

六、实训题

1. 将下列表格的内容通过饼图来表现。

教材订购表	
书名	**数量**
语文	158
数学	128
基础外语	200
导游基础知识	110
旅游概论	120
导游实务	120
旅游文学作品选	130
会计基础	60
电工基础	100
合计	1 126

2. 编写你所在班级从你入学以来的大事记。

第十一章 档案登记与统计

一、名词解释

1. 档案登记

2. 档案统计

二、填空题

1. 档案登记工作可分为____________和____________两大部分。

2. 档案状况登记是对档案的______________、______________、档案变化情况进行的登记。

3. 档案成分和数量变化情况报告表是档案室（馆）向________________报送的一种登记表，旨在报告所管档案的变化情况。

4. 档案总登记簿是全面系统地记录反映档案的________________、________________及____________变化情况的登记表。

5. 档案利用登记簿既是档案机构记录、掌握提供利用情况的一种登记形式，同时又是档案机构向利用者具体提供档案时履行________________的一种交接凭据。

三、不定项选择题

1. 档案登记工作不包括（　　）。

A. 档案出入库登记　　B. 档案清点、检查登记

C. 档案借出登记　　D. 档案复制登记

2. 档案统计的范围主要包括（　　）。

A. 全国档案工作基本情况统计

B. 专业系统档案工作情况统计

C. 地方（包括省、市、地、县各级）档案工作基本情况统计

D. 档案室（馆）档案工作情况统计

3. 档案统计的形式包括（　　）。

A. 专门调查统计　　B. 基本情况统计报表

C. 档案利用效果统计表　　D. 档案出入库登记表

4. 档案统计工作一般应坚持的原则是（　　）。

A. 重要性原则　　B. 可量化原则

C. 科学化原则　　D. 真实性原则

5. 档案统计指标数值一般使用（　　）。

A. 绝对数　　B. 相对数

C. 平均数　　D. 百分比

四、判断题（正确在括号内打√，错误在括号内打×）

1. 案卷目录与卷内文件目录在档案管理中具有多重性质和作用。（　　）

2. 档案接收登记簿是专门记录档案进入规模较大的档案馆（库、室）所使用的登记簿册。（　　）

3. 档案资源开发、提供利用情况是档案登记工作的重点内容。（　　）

4. 档案销毁登记是对经过鉴定、被批准同意销毁的档案及其销毁过程进行的登记。（　　）

5. 档案利用效果登记实际上是档案管理机构对每一次利用的成果所进行的跟踪调查。（　　）

6. 档案专门调查统计是根据特殊需要制发专门表格，对全面的档案工作和情况进行调查统计。（　　）

五、简答题

1. 简述档案工作登记的内涵。

2. 档案统计工作有哪些专业性要求?

3. 简述档案统计工作的主要步骤。

4. 确定档案统计指标要坚持哪些原则?

六、实训题

收集一份《档案馆基本情况统计年报》，对其中的统计项目和指标进行简要说明。

第十二章 专门档案管理

一、名词解释

1. 人事档案

2. 会计档案

3. 会计凭证

4. 电子档案

二、填空题

1. ________________是科技档案工作的基础，是保证科技档案完整、准确、系统、安全的重要前提。

2. 人事档案具有________________、全面性、________________和________________的特点。

3. 人事档案的保管期限一般是________________。

4. 会计档案的类型主要有____________、____________和____________三种。

5. 构成财务报告的有____________、利润表、____________、____________、附表及会计报表附注和财务情况说明书等。

6. 为了将有保存价值的音像资料收集完整，档案工作者应认真贯彻____________

的工作原则。

7. 凡是本单位在公务活动中产生的具有＿＿＿＿＿＿和＿＿＿＿＿＿的照片、录音带、录像带、磁盘等材料，都应作为音像档案归档保存。

8. 目前比较通用的一种标准是按照电子档案信息存在的形式对电子档案进行分类，可分为＿＿＿＿＿＿＿＿、数据文件、＿＿＿＿＿＿＿＿、图像文件、＿＿＿＿＿＿＿＿、声音文件、命令文件等。

三、不定项选择题

1. 科技档案的显著特点有（　　）。

A. 类型多样　　B. 专业性强

C. 关系密切　　D. 保密性强

2. 基建档案一般不少于（　　）。

A. 一套　　B. 两套　　C. 三套　　D. 四套

3. 人事档案管理部门在收到人事档案材料后，应在（　　）内将其归入档案库房。

A. 一日　　B. 两日　　C. 三日　　D. 四日

4. 在档案的大家族中，（　　）的类型是最为明确的。

A. 科技档案　　B. 电子档案

C. 人事档案　　D. 会计档案

5. 电子档案可以是（　　）。

A. 音像档案　　B. 科技档案

C. 会计档案　　D. 人事档案

6. 电子档案的存储介质（载体）可以是（　　）。

A. 光盘　　B. 优盘　　C. 网站　　D. 磁盘

四、判断题（正确在括号内打√，错误在括号内打×）

1. 科技档案归档的资料必须是原件。（　　）

2. 规模小的基建工程资料不必归档保存。（　　）

3. 在我国，人事档案管理是指国家干部档案管理。（　　）

4. 企业普通职工的档案不需要保密，可以随意公开。（　　）

5. 经济合同可以列入会计档案。（　　）

6. 会计报表是会计档案中需要归档的一种资料。（　　）

7. 会计档案由档案部门管理后，会计部门仍需对其进行管理。（　　）

8. 所有的会计档案资料保管期限均为十五年。（　　）

9. 音像档案是电子档案的一个分类。（　　）

10. 自动化办公系统中产生的所有电子文件均是电子档案资料。（　　）

五、简答题

1. 简述科技档案收集的基本要求。

2. 简述科技档案归档的基本要求。

3. 档案部门的会计档案管理工作主要包括哪几个方面的内容?

4. 电子档案收集的渠道主要有哪些?

5. 电子档案的保管包括哪几个方面的内容？

六、实训题

1. 李冬是天宏公司的办公室秘书，兼管公司的人事档案管理工作。近日办公室收到本公司员工的十份人事档案材料（见下表）。这些材料手续完备、用纸符合要求，都需要归档。

归档人事档案目录

序号	姓名	材料名称	时间	页数
1	马永建	员工履历表	2018.09.26	2
2	李易军	员工考核表	2018.05.23	2
3	张兰娇	专业技术职务任职资格评审表	2018.10.13	11
4	刘美丽	员工续聘审批表	2018.07.03	2
5	卢硕	入党申请书	2018.09.20	2
6	陈天歌	退休审批表	2018.02.23	2
7	李雷	培训结业登记表	2018.07.16	2
8	贾杉杉	更改姓名审批表	2018.08.06	3
9	胡军义	中国公民因私出国（出境）申请审批表	2018.03.16	2
10	鲁海琴	民主党派代表会议登记表	2018.06.17	4

请完成以下练习。

（1）这些档案材料分别属于哪一类？试列出分类体系示意图。

（2）把这些档案材料按照一定的顺序排列。

（3）给每份档案材料编写类号和顺序号、页码。

（4）以“件”为单位装订，必要时进行简单的技术加工。

（5）装盒，正确填写盒上的项目。

（6）编订盒内目录。

2. 请分别写出以下会计档案材料合理的保管期限，并填写下表。

序号	档案名称	保管期限
1	×× 公司 2018 年度车辆使用税费各类凭证	
2	×× 公司 2018 年度会计总账	
3	×× 公司 2018 年第一季度财务报告	
4	×× 公司 2018 年度财务报告	
5	中国 ×× 银行 ×× 账户对账单（2019 年 5 月）	
6	×× 公司 2018 年度工资发放表	
7	×× 公司 2018 年 1—6 月差旅报销凭证	
8	×× 公司 2018 年度会计档案移交清册	
9	×× 公司 2018 年度资产负债表	
10	×× 公司 2018 年度出纳日记账	